Oda Tietz

Kleine Käsekuchen vom Blech

Bassermann

Inhaltsübersicht

Wissenswertes

Rezepte

Das Beste von Großmutters Kaffeetafel

Fruchtige Käsekuchen

Festliche Käsekuchen

Vorwort

Käsekuchen sehen toll aus. Sie zergehen auf der Zunge und ihr Duft ist betörend. Es gibt sie in zahlreichen Variationen: Mal präsentieren sie sich sanft und aromatisch, mal farbenfroh und fruchtig, mal cremig und dekorativ. Das Multitalent Quark macht das Backwerk saftig und locker, gibt Cremes eine schaumige Konsistenz – und ist obendrein gesund. Feinschmecker kommen voll auf ihre Kosten.

Egal, ob man einen Käsekuchen mit Aprikosen, Birnen, Heidelbeeren, Kirschen oder Pflaumen zubereitet oder den Kuchen mit leckerer Creme, herausgeputzt mit Erdbeeren, Orangen, Brombeeren oder Preiselbeeren präsentiert, jeder Bissen garantiert umwerfenden Genuss. Die Vielseitigkeit dieser Backwerke verspricht das ganze Jahr über Abwechslung auf der Kaffeetafel.

Aber nicht nur das Schlemmen bereitet Vergnügen, sondern auch die Zubereitung. Es darf nach Herzenslust geknetet, gerührt, geschnippelt, gefüllt, geformt, dekoriert und glasiert werden. Beim Verzieren der Köstlichkeiten kann man der Fantasie freien Lauf lassen. Verzuckerte Blüten, kandierte Früchte, Schokoladenröllchen, Nüsse, glanzvolle Gelee- oder Zuckerglasuren machen die Kreationen noch appetitlicher, schöner, einfach unwiderstehlich. Wie wäre es zum Auftakt mit einem Zupfkuchen, einem Preiselbeerkuchen oder einem Apfelkuchen mit Vanillestreuseln? Ihre Familie, Ihre Freunde und Bekannten werden begeistert sein und Ihnen über die Maßen „Bravos“ spenden.

Viel Freude beim Backen, Füllen, Verzieren und Dekorieren, vor allem aber beim Genießen!

Ihre Oda Tietz

Alle Rezepte sind für das kleine Backblech berechnet und darin getestet worden!

Kleine
Käsekuchen-Kunde

Für leckere Käsekuchen und Käsetorten sind die besten Zutaten gerade gut genug. Die Quarkmasse wird bei vielen Rezepten mit Sahne, Schmant, Frischkäse und Ricotta verfeinert. Was bei den Zutaten zu beachten ist, erfahren Sie hier – außerdem gibt es ein paar Tipps zum Variieren und Dekorieren.

Die wichtigsten Zutaten

Alle Zutaten sollten frisch sein und vor Backbeginn in Reichweite stehen. Wiegen Sie die Zutaten ab. Falls nicht extra angegeben, sollten sie alle die gleiche Temperatur haben.

Speisequark ist ein Frischkäse, der aus dickgelegter Milch hergestellt wird. Der Handel bietet ihn in unterschiedlichen Fettstufen, vom Magerquark bis zum Sahnequark, an. Er ist von weicher und streichfähiger Konsistenz und sehr eiweißreich. Je mehr Fett der Quark enthält, desto cremiger und feiner ist er. Für die angegebenen Rezepte wurde Sahnequark (40 Prozent Fett) verwendet. Wer das Backwerk weniger gehaltvoll wünscht, kann auch zur geringeren Fettstufe (20 Prozent Fett) greifen oder Magerquark verwenden, wenn im Rezept noch Sahne verwendet wird. Quark sollte für die Kuchen, Torten und Füllungen stets abgetropft verwendet werden. Dafür legt man ein feines Sieb mit einem feuchten Mulltuch aus und hängt es über eine Schüssel. Dann den Quark einfüllen, mit Klarsichtfolie abdecken und an einem kühlen Ort drei bis vier Stunden abtropfen lassen. Danach sollte der trockene Quark durch ein Sieb gestrichen werden. Dann ist er locker und lässt sich gut weiterverarbeiten.

Joghurt wird in der Regel aus pasteurisierter Kuhmilch zubereitet, die mit Milchsäurebakterien angereichert wird. Im Handel gibt es verschiedene Fettstufen: Magerjoghurt (max. 0,5 Prozent Fett), fettarmer Joghurt (1,5 Prozent Fett) und Vollmilchjoghurt (3,5 Prozent Fett). Für die angegebenen Rezepte wurde Vollmilchjoghurt verwendet.

Schmant ist ein löffelfester Sauerrahm mit mindestens 20 Prozent Fett.

Doppelrahm-Frischkäse ist etwas fester als Quark, sehr streichfähig und sahnig-mild im Geschmack. Fettgehalt: 60 bis 85 Prozent.

Ricotta ist ein italienischer Frischkäse mit etwa 20 Prozent Fett. Für die Rezepte wurde cremiger Ricotta verwendet.

Schlagsahne hat einen Fettgehalt von mindestens 30 Prozent. Je höher der Fettgehalt, desto mehr Volumen bekommt die Sahne beim Schlagen. Und sie bleibt fester in der Konsistenz.

Tipps rund um Käsekuchen

Eine **Garprobe** ist ratsam, besonders bei höheren Kuchen. Dafür ein Holzstäbchen in den Teig stechen: Wenn beim Herausziehen kein Teig mehr daran haftet, ist der Kuchen durchgebacken.

Teigböden lassen sich leicht trennen, wenn mit einem kleinen spitzen Messer die einzelnen Schichten markiert werden. Dafür den Boden an den entsprechenden Stellen ringsum einen Zentimeter tief einschneiden. Mit einem Tortenschneider lässt sich der Boden schnell teilen. Wer keinen Tortenschneider besitzt, kann sich mit reißfestem Faden helfen. Einfach den Faden um die Einschnitte legen, die Enden überkreuzen und den Boden mit straff gespanntem Faden teilen. Biskuitböden sollte man möglichst über Nacht stehen lassen, sie lassen sich dann besser durchschneiden. Sollten sie beim Schneiden dennoch einen Riss bekommen, kann man diesen mit etwas Eiweiß kitten.

Mit **Marmelade**, **Konfitüre** oder **Gelees** lassen sich Käsekuchen und Käsetorten verfeinern. Mal dient die Marmelade als Füllung, mal als Überzug für die Früchte oder einen anderen Belag, mal aromatisiert sie die Creme.

Wenn keine Kinder mitessen, kann man die Kuchen mit **Likör**, **Obstgeist** oder **Rum** veredeln.

Gelatine gibt Cremes und Schlagsahne die nötige Stabilität. Wichtig: Sie darf nicht zu stark erhitzt werden, denn dann verliert sie ihre gelierende Wirkung.

Mit **Quarkcreme** gefüllte Kuchen lassen sich leichter schneiden, wenn man das Messer zwischendurch in heißes Wasser taucht und abtrocknet.

Pistazien, Mandeln, Walnüsse, Haselnüsse – geröstet, gemahlen oder geraspelt – verfeinern Teige und Füllungen und sind obendrein eine hübsche Garnitur.

Kandierte Blüten Die Herstellung erfordert zwar etwas Zeit, das Ergebnis jedoch ist beachtlich. Käsekuchen und Käsetorten lassen sich aber auch mit Rosenlikör, Rosenkonfitüre, Holunderblüten und Holunderblütensaft verfeinern. Bei der Verwendung von essbaren Blüten ist darauf zu achten, nur ungespritzte zu verwenden.

Marzipanrosen Dafür 400 Gramm Marzipan-Rohmasse mit 200 Gramm gesiebtem Puderzucker verkneten und zwischen zwei Lagen Frischhaltefolie dünn ausrollen. Mit den Händen einzelne Blütenblätter formen und zu einer Blüte zusammensetzen. Wer rote oder rosa Rosen haben möchte, gibt 1 bis 2 Tropfen rote Lebensmittelfarbe zur Marzipanmasse. Für grüne Blätter und Blütenstiele fügt man einem Teil der Marzipanmasse 1 bis 2 Tropfen grüne Lebensmittelfarbe zu und formt daraus Blätter, Stiele und Ranken.

Schoko-Deko

Kuvertüre eignet sich gut für Glasuren, sie bleibt glänzend, wenn sie nach dem Abkühlen ein weiteres Mal geschmolzen und erst dann aufgestrichen wird. Um Verzierungen aus der Kuvertüre zu bereiten, füllen Sie geschmolzene Kuvertüre auf ein Backblech und schaben mit einem Spatel davon kleine Röllchen ab. Die Masse eignet sich auch zum Ausstechen mit kleinen Formen wie Herzen oder Kleeblättern. Schokoraspel lassen sich mit Hilfe einer groben Reibe herstellen. Die Kuvertüre sollte dafür gut gekühlt sein. Für Schokoladenfrüchte tauchen Sie Erdbeeren, Weintrauben, Kirschen, Ananasstücke usw. in geschmolzene Kuvertüre. Danach auf einem Kuchengitter den Überzug erstarren lassen.

Das Beste von Großmutters Kaffeetafel

Feiner Käsekuchen mit Rosinen

Für 1 kleines Backblech

Für den Teig

200 g Mehl
15 g Hefe
60 g Zucker
5 EL Milch
1 Ei
1 Päckchen Vanillezucker
1 Prise Salz
50 g weiche Butter

Für den Belag

2 EL Rosinen
2 EL Rum
400 g abgetropfter Quark
2 Eier
1 Prise Salz
½ TL abgeriebene Zitronenschale
1 EL Zitronensaft
150 g Zucker
1 EL Vanille-Puddingpulve
125 g Sahne
2 EL Johannisbeergelee

1 Das Mehl in eine Schüssel sieben, in die Mitte eine Vertiefung drücken. Die Hefe mit 1 Teelöffel Zucker in lauwarmer Milch verrühren und in die Vertiefung gießen. Mit etwas Mehl vom Rand mischen. Den Vorteig zugedeckt an einem warmen Ort 20 Minuten gehen lassen.

2 Auf dem Mehlrand den restlichen Zucker, das Ei, den Vanillezucker, das Salz und die Butter verteilen. Von der Mitte her die Zutaten zu einem glatten Teig verkneten. Nochmals 30 Minuten gehen lassen.

3 Für den Belag die Rosinen waschen, trocken tupfen und mit dem Rum mischen. Den Quark durch ein Sieb in eine Schüssel streichen. Die Eier trennen. Eigelb, Quark, Salz, Zitronenschale und Zitronensaft, 100 Gramm Zucker, Puddingpulver und die Rumrosinen verrühren. Das Eiweiß steif schlagen, den restlichen Zucker zufügen, die Eiweißmasse unter die Quarkmischung heben. Die Sahne steif schlagen und ebenfalls unterheben.

4 Den Backofen auf 180 °C (Gas Stufe 2–3, Umluft 160 °C) vorheizen. Das Backblech einfetten. Den Teig auf bemehlter Fläche ausrollen, auf das Blech legen, einen Rand hochziehen. Den Teigboden mit einer Gabel mehrmals einstechen. Die Quarkmasse aufstreichen, den Kuchen im vorgeheizten Backofen etwa 35 Minuten backen.

5 Den Kuchen aus dem Ofen nehmen und in der Backform auskühlen lassen. Das Gelee leicht erwärmen und in dünnen Linien über den Kuchen ziehen.

Quarkstrudel

Für 1 kleines Backblech

Für den Strudelteig

2 TL Öl
1 EL Zucker
250 g Mehl
1 Prise Salz
1 Ei

Für die Füllung

400 g abgetropfter Quark
1 Ei
2 EL Zucker
1 Prise Salz
125 g Sahne
2 TL Vanille-Puddingpulver
3 EL Sultaninen
50 g weiche Butter

Außerdem

4 EL Milch
30 g Butter

1 Öl und Zucker in einem achtel Liter lauwarmem Wasser verrühren.

2 Das Mehl in eine Schüssel sieben, das Salz zugeben, in die Mitte eine Vertiefung drücken. Ei und die Wassermischung hineingeben. Von der Mitte her die Zutaten verkneten. In 2 Stücke teilen und zugedeckt an einem warmen Ort 1 Stunde ruhen lassen.

3 Die Teigstücke jeweils auf einem Tuch ausrollen und über den Handrücken hauchdünn zu einem Rechteck ausziehen. Für die Füllung den Quark durch ein Sieb streichen, mit dem Ei, dem Zucker, Salz, der Sahne und dem Puddingpulver verrühren. Die Sultaninen waschen und trocken tupfen.

4 Den Backofen auf 200 °C (Gas Stufe 3, Umluft 180 °C) vorheizen. Die Butter zerlassen und die Strudelblätter mit der Butter bepinseln. Mit der Quarkmasse bestreichen und mit Sultaninen bestreuen. Die schmalen Ränder über die Füllung klappen und die Strudel jeweils mit Hilfe des Tuches von der Längsseite her aufrollen.

5 Das Backblech einfetten, die Strudel hineinlegen und im vorgeheizten Backofen etwa 35 Minuten backen. Dabei ab und zu mit Milch und zerlassener Butter bestreichen. Die fertigen Strudel herausnehmen und warm oder kalt servieren.

Schwäbischer Käsekuchen

Für 1 kleines Backblech

Für den Teig

150 g Mehl
½ TL Backpulver
70 g Zucker
1 Päckchen Vanillezucker
1 Ei
70 g kalte Butter

Für den Belag

2 Eier
500 g abgetropfter Quark
2 EL Milch
200 g Zucker
1 EL Rosinen
30 g gehackte Mandeln
½ TL abgeriebene Zitronenschale
2 EL Zitronensaft
1 Prise Salz
1 Prise Zimt
40 g Speisestärke
70 g zerlassene Butter

Ausserdem

Puderzucker zum Bestäuben

1 Mehl und Backpulver vermischen, in eine Schüssel sieben, in die Mitte eine Vertiefung drücken. Zucker, Vanillezucker und das Ei hineingeben und mit etwas Mehl vermischen. Die Butter in Stücken darauf verteilen und mit etwas Mehl bedecken. Die Zutaten von der Mitte her zu einem glatten Teig verkneten. 30 Minuten kalt stellen.

2 Das Backblech einfetten. Den Backofen auf 200 °C (Gas Stufe 3, Umluft 180 °C) vorheizen.

3 Für den Belag die Eier trennen. Den Quark durch ein Sieb streichen, mit Eigelb, Milch und Zucker verrühren. Rosinen, Mandeln, Zitronenschale, Zitronensaft, Salz, Zimt, Speisestärke und die abgekühlte flüssige Butter unter die Quarkmasse rühren. Das Eiweiß steif schlagen und unterheben. Den Teig ausrollen, in die Form legen, einen Rand hochziehen, den Boden mit einer Gabel mehrmals einstechen.

4 Die Quarkmasse daraufgeben und glatt streichen. Den Kuchen im vorgeheizten Backofen etwa 40 Minuten backen. Bei leicht geöffneter Ofentür auskühlen lassen, mit Puderzucker bestäuben.

Rum-Quark-Kuchen

Für 1 kleines Backblech

Für den Teig

140 g Mehl
10 g Hefe
50 g Zucker
2 EL Milch
1 Ei
½ TL abgeriebene Zitronenschale
1 Prise Salz
30 g weiche Butter

Für den Belag

300 g abgetropfter Quark
1 Ei
1 EL Rum
50 g zerlassene Butter
100 g Zucker
30 g gehackte Mandeln
1 TL fein geschnittenes Zitronat
125 g Pflaumenmus

Für die Streusel

100 g Mehl
100 g Zucker
100 g kalte Butter

Ausserdem

1–2 EL Rum

1 Für den Teig das Mehl in eine Schüssel sieben, in die Mitte eine Vertiefung drücken. Die Hefe zerbröckeln, mit 1 Teelöffel Zucker in lauwarmer Milch verrühren, in die Vertiefung geben. Etwas Mehl vom Rand einrühren und einen dickflüssigen Vorteig bereiten. Zugedeckt 20 Minuten gehen lassen.

2 Auf dem Mehlrand den restlichen Zucker, Zitronenschale, Salz und die Butter verteilen. Von der Mitte her die Zutaten zu einem glatten Teig verkneten. Zugedeckt 20 Minuten gehen lassen. Den Backofen auf 200 °C (Gas Stufe 3, Umluft 180 °C) vorheizen.

3 Für den Belag Quark, Ei, Rum, Butter, Zucker, Mandeln und Zitronat verrühren.

4 Den Teig durchkneten und auf bemehlter Fläche ausrollen. Das Backblech einfetten, den Teig daraufgeben, einen Rand hochziehen, den Teig mit einer Gabel mehrmals einstechen. Zuerst das Pflaumenmus, dann die Quarkmasse auf den Teigboden streichen.

5 Für die Streusel das Mehl in eine Schüssel sieben. Zucker und Butter zufügen, alles zu Streuseln zerkrümeln, die Streusel auf die Quarkmasse streuen. Den Kuchen im vorgeheizten Backofen etwa 30 Minuten backen. Noch heiß mit Rum beträufeln.

Zupfkuchen

Für 1 kleines Backblech

Für den Teig

80 g weiche Butter
80 g Zucker
2 Eier
1 Päckchen Vanillezucker
200 g Mehl
1 TL Backpulver
1 EL Kakao

Für den Belag

300 g abgetropfter Quark
80 g Zucker
½ TL abgeriebene Zitronenschale
1 Ei, 1 Eigelb
80 g weiche Butter
2 EL Vanille-Puddingpulver
5 EL Milch

Außerdem

Puderzucker zum Bestäuben

1 Die Butter schaumig rühren. Zucker, Eier und Vanillezucker zugeben. Mehl und Backpulver sieben, Kakao untermischen, alles unter die Buttermasse mengen. Das Backblech einfetten. Zwei Drittel des Teiges auf bemehlter Fläche ausrollen, auf das Blech legen und einen Rand hochziehen.

2 Den Backofen auf 200 °C (Gas Stufe 3, Umluft 180 °C) vorheizen. Für den Belag den Quark durch ein Sieb in eine Schüssel streichen. Zucker, Zitronenschale, Ei, Eigelb und Butter untermengen. Puddingpulver und Milch verrühren und hinzufügen. Die Masse auf den Teig streichen.

3 Aus dem restlichen Teig kleine Stücke zupfen und auf der Quarkmasse verteilen. Den Kuchen im vorgeheizten Backofen etwa 40 Minuten backen. Sobald er ausgekühlt ist mit Puderzucker bestäuben.

Quark-Mandel-Kuchen

Für 1 kleines Backblech

Für den Teig

250 g Mehl
1 TL Backpulver
100 g Zucker
1 Päckchen Vanillezucker
1 Prise Salz
1 Ei
1 EL Milch
125 g kalte Butter

Für den Belag

50 g gehackte Mandeln
350 g abgetropfter Quark
50 g Schmant
2 EL Sahne
150 g Zucker
1 Päckchen Vanillezucker
1 Eigelb
2 EL Mandel-Puddingpulver
2 Eiweiß

Außerdem

1 Eigelb
Puderzucker zum Bestäuben

1 Mehl und Backpulver vermischen und in eine Schüssel sieben. In die Mitte eine Vertiefung drücken. Zucker, Vanillezucker, Salz, Ei und Milch hineingeben, mit etwas Mehl vom Rand zu einem weichen Brei vermengen. Die Butter in Stücken darauf verteilen. Von der Mitte her die Zutaten zu einem glatten Teig verkneten und 30 Minuten kalt stellen.

2 Das Backblech einfetten. Ein Drittel des Teiges für das Gitter beiseite legen. Den übrigen Teig auf bemehlter Fläche ausrollen, in die Form geben, einen Rand hochziehen. Den Boden mit einer Gabel mehrmals einstechen.

3 Den Backofen auf 200 °C (Gas Stufe 3, Umluft 180 °C) vorheizen. Die Mandeln in einer Pfanne ohne Fett goldbraun rösten. Den Quark durch ein Sieb streichen, mit Schmant, Sahne, Zucker, Vanillezucker, Eigelb, Puddingpulver und Mandeln verrühren. Eiweiß steif schlagen und unterheben.

4 Die Quarkmasse auf den Teig geben und glatt streichen. Den Kuchen in den vorgeheizten Ofen schieben und etwa 25 Minuten backen. Die Oberfläche darf nicht zu dunkel werden.

5 Den beiseite gelegten Teig dünn ausrollen, in 12 Streifen von 2 x 18 cm schneiden und mit Eigelb bestreichen. Die Streifen auf dem Kuchen anordnen, den Kuchen wieder in den Ofen schieben und weitere 15 Minuten backen. Bei leicht geöffneter Ofentür auskühlen lassen, mit Puderzucker bestäuben.

Eierlikörcremekuchen

Für 1 kleines Backblech

Für den Teig

175 g abgetropfter Quark
4 EL Milch
1 Ei
4 EL Öl
1 Prise Salz
70 g Zucker
1 Päckchen Vanillezucker
350 g Mehl
2 TL Backpulver

Für die Streusel

200 g Mehl
30 g gehackte Mandeln
200 g Zucker
2 EL Kakao
200 g kalte Butter

Für die Creme

1 Vanilleschote
300 ml Milch
1 Päckchen Vanille-Puddingpulver
100 g Puderzucker
200 ml Eierlikör
2 TL abgeriebene Orangenschale
125 g weiche Butter
125 g abgetropfter Quark
50 g Doppelrahm-Frischkäse

Ausserdem

125 g Aprikosenkonfitüre

1 Den Quark durch ein Sieb in eine Schüssel streichen und mit der Milch, dem Ei, Öl, Salz, Zucker und dem Vanillezucker verrühren. Mehl und Backpulver vermischen, sieben und untermengen. Das Backblech einfetten. Den Teig auf bemehlter Fläche ausrollen, auf das Backblech legen, einen Rand hochziehen. Den Backofen auf 200 °C (Gas Stufe 3, Umluft 180 °C) vorheizen.

2 Für die Streusel das Mehl in eine Schüssel sieben, mit Mandeln, Zucker und Kakao vermischen. Die kalte Butter in Stückchen zufügen, Streusel formen und gleichmäßig auf dem Teig verteilen. Im vorgeheizten Backofen etwa 25 Minuten backen. Herausnehmen, auskühlen lassen, waagerecht durchschneiden.

3 Für die Creme die Vanilleschote aufschlitzen und das Mark herauskratzen. 6 EL Milch, Puddingpulver, Vanillemark und 50 Gramm Puderzucker verrühren, beiseite stellen. Die restliche Milch mit dem Eierlikör aufkochen, die Puddingmischung einrühren, aufkochen lassen, vom Herd nehmen, in eine Schüssel füllen und auskühlen lassen. Mit Folie bedecken.

4 Orangenschale mit dem restlichen Puderzucker, Butter, Quark und Frischkäse cremig rühren. Die ausgekühlte Puddingmasse einrühren. Kalt stellen. Die Eierlikörcreme auf den unteren Kuchenboden streichen, die obere Teigplatte mit den Streuseln auflegen. Konfitüre erwärmen, den Kuchen damit überziehen.

Mohn-Käsekuchen

Für 1 kleines Backblech

Für den Teig

150 g Mehl
30 g Kakao
1 TL Backpulver
60 g Zucker
1 Eigelb
1 Prise Salz
1 EL Milch
80 g kalte Butter

Für die Creme

250 g abgetropfter Quark
50 g Schmant
50 g weiche Butter
70 g Zucker
1 TL abgeriebene Zitronenschale
1 Eigelb
1 EL Vanille-Puddingpulver
3 EL Milch
125 ml Schlagsahne

Für die Mohnmasse

80 ml Milch
100 g gemahlener Mohn
50 g Zucker
1 EL gehackte Mandeln
1 EL Rum
1 Eigelb

Ausserdem

Puderzucker zum Bestäuben

1 Mehl, Kakao und Backpulver vermischen und in eine Schüssel sieben. In die Mitte eine Vertiefung drücken. Zucker, Eigelb, Salz und Milch hineingeben und mit einem Teil des Mehls vermischen. Die Butter in Flöckchen dazugeben. Die Zutaten von der Mitte her zu einem glatten Teig verkneten. 30 Minuten kalt stellen.

2 Das Backblech einfetten. Den Teig auf bemehlter Fläche ausrollen, auf das Blech legen und einen Rand hochziehen. Den Teigboden mit einer Gabel mehrmals einstechen.

3 Den Quark durch ein Sieb streichen. Mit Schmant, Butter, Zucker, Zitronenschale und Eigelb verrühren. Das Puddingpulver in der Milch glatt rühren und unter die Quarkmasse rühren. Die Sahne steif schlagen und unterheben. Die Masse auf den Teigboden geben und glatt streichen. Den Backofen auf 180 °C (Gas Stufe 2–3, Umluft 160 °C) vorheizen.

4 Die Milch erhitzen und über den Mohn gießen. Zucker, Mandeln, Rum und Eigelb einrühren. Die Mohnmasse in Kleckseln auf die Quarkmasse geben und etwas eindrücken. Im vorgeheizten Backofen etwa 35 Minuten backen. Herausnehmen, auskühlen lassen, mit Puderzucker bestäuben.

Käsekuchen ohne Boden

Für 1 kleines Backblech

Für den Teig

80 g weiche Butter
80 g Zucker
1 Päckchen Vanillezucker
2 Eier
1 Prise Salz
½ TL abgeriebene Zitronenschale
2 EL Zitronensaft
1 EL Vanille-Puddingpulver
30 g Grieß
1 TL Backpulver
1 EL gehackte Mandeln
500 g abgetropfter Quark

Außerdem

30 g zerlassene Butter
Puderzucker zum Bestäuben

1 Die Butter in einer Schüssel schaumig rühren. Zucker und Vanillezucker dazugeben. Die Eier trennen. Das Eigelb und das Salz unterrühren. Zitronenschale und Zitronensaft zufügen.

2 Den Backofen auf 180 °C (Gas Stufe 2, Umluft 160 °C) vorheizen. Puddingpulver, Grieß und Backpulver vermischen, mit den Mandeln zur Buttermasse geben.

3 Den Quark durch ein Sieb streichen, zum Teig geben. Alles glatt rühren. Das Eiweiß steif schlagen und unter den Teig heben.

4 Das Backblech einfetten, den Teig hineingeben und glatt streichen. Im vorgeheizten Backofen etwa 40 Minuten backen. Bei leicht geöffneter Ofentür auskühlen lassen. Mit Butter beträufeln und mit Puderzucker bestäuben.

Fruchtige Käsekuchen

Kirsch-Käsekuchen

Für 1 kleines Backblech

Für den Teig

125 g Mehl
2 TL Backpulver
1 Päckchen Vanillezucker
125 g Quark
1 EL Kakao
125 g kalte Butter

Für den Belag

175 g abgetropfter Quark
1 EL Schmant
1 Eigelb
70 g Zucker
1 Päckchen Vanillezucker
½ TL abgeriebene Zitronenschale
100 g Kirschkonfitüre
300 g entsteinte Sauerkirschen
50 g gehackte Mandeln

1 Mehl und Backpulver vermischen und in eine Schüssel sieben. In die Mitte eine Vertiefung drücken. Vanillezucker, Quark und Kakao hineingeben. Die Butter in Stücke schneiden und darauflegen. Etwas Mehl vom Rand darüberstäuben. Alle Zutaten von der Mitte her zu einem glatten Teig verkneten.

2 Den Teig ½ Zentimeter dick ausrollen, mehrfach übereinanderschlagen und wieder ausrollen. Diesen Vorgang zweimal wiederholen. Das Backblech einfetten, mit Backpapier auslegen, den Teig hineingeben. Den Backofen auf 200 °C (Gas Stufe 3, Umluft 180 °C) vorheizen.

3 Den Quark mit Schmant, Eigelb, Zucker, Vanillezucker und Zitronenschale verrühren. Den Teigboden mit Kirschkonfitüre bestreichen, die Kirschen darauf verteilen und mit der Quarkmasse überziehen. Die gehackten Mandeln aufstreuen. Im vorgeheizten Backofen etwa 35 Minuten backen.

Variante

Dieser Kuchen schmeckt auch mit anderem Obst – vor allem mit Beeren –, mit einer anderen Konfitüre und mit Haselnüssen oder Walnüssen.

Birnen-Käsekuchen

Für 1 kleines Backblech

Für den Teig

125 g Mehl
1 TL Backpulver
80 g Zucker
1 Päckchen Vanillezucker
½ TL Zimt
1 Ei
80 g Butter
50 g gemahlene Mandeln

Für den Belag

3 Birnen
Saft von 1 Zitrone
2 Eier
75 g Zucker
1 EL Speisestärke
350 g abgetropfter Quark
50 g gehackte Mandeln
50 g Butter

Ausserdem

70 g Zartbitter-Kuvertüre

1 Mehl und Backpulver in eine Schüssel sieben, in die Mitte eine Vertiefung drücken. Zucker, Vanillezucker, Zimt und Ei hineingeben. Die Butter in Stücken darauf verteilen, die Mandeln aufstreuen. Mit etwas Mehl vom Rand bedecken und von der Mitte her alles zu einem glatten Teig verkneten. 30 Minuten kalt stellen.

2 Das Backblech einfetten. Den Teig auf bemehlter Fläche ausrollen und auf das Backblech legen, einen Rand hochziehen. Den Boden mit einer Gabel mehrmals einstechen. Den Backofen auf 200 °C (Gas Stufe 3, Umluft 180 °C) vorheizen.

3 Die Birnen schälen, in Spalten schneiden und sofort mit Zitronensaft beträufeln.

4 Die Eier trennen. Eigelb, Zucker und Speisestärke verrühren. Den Quark durch ein Sieb streichen und unterrühren. Das Eiweiß steif schlagen und unterheben. Die Quarkmasse auf den Teig streichen, die Birnenspalten gleichmäßig darauf verteilen und mit den Mandeln bestreuen. Die Butter in Stückchen daraufsetzen.

5 Den Kuchen im vorgeheizten Backofen etwa 35 Minuten backen. Bei geöffneter Ofentür auskühlen lassen. Herausnehmen, auf ein Kuchengitter geben. Die Kuvertüre im warmen Wasserbad schmelzen, den Kuchen mit Linien oder Tupfen verzieren.

Rhabarber-Käsekuchen

Für 1 kleines Backblech

Für den Teig

125 g Mehl
½ TL Backpulver
80 g Zucker
1 Päckchen Vanillezucker
1 Prise gemahlene Nelken
1 Ei
70 g kalte Butter
40 g gemahlene Mandeln

Für den Belag

500 g Rhabarber
1 EL Weißwein
2 EL Vanille-Puddingpulver
100 g Zucker
250 ml Milch
½ TL abgeriebene Zitronenschale
100 g Quark
125 g Schmant
1 Ei
50 g Mandelblättchen

Für die Streusel

100 g Mehl
100 g Zucker
1 EL gehackte Mandeln
1 EL Sahne
100 g kalte Butter

1 Mehl und Backpulver vermischen, in eine Schüssel sieben, in die Mitte eine Vertiefung drücken. Zucker, Vanillezucker, Nelken und Ei hineingeben. Die Butter in Stückchen darauf verteilen, die Mandeln daraufstreuen und alles mit Mehl bedecken. Die Zutaten von der Mitte her zu einem glatten Teig verkneten. 30 Minuten kalt stellen.

2 Den Rhabarber in Stücke schneiden. Mit dem Weißwein 2 Minuten dünsten, abkühlen lassen.

3 Puddingpulver und Zucker in der Hälfte der Milch verrühren. Die restliche Milch zum Kochen bringen, das angerührte Puddingpulver einrühren, mehrmals aufwallen lassen, vom Herd nehmen. Auf Zimmertemperatur abkühlen lassen. Zitronenschale, Quark, Schmant und das Ei unterrühren.

4 Den Backofen auf 200 °C (Gas Stufe 3, Umluft 180 °C) vorheizen. Das Backblech einfetten. Den Teig auf bemehlter Fläche ausrollen, auf das Blech geben, einen Rand hochziehen. Den Teigboden mit einer Gabel mehrmals einstechen, mit Mandelblättchen bestreuen und den Rhabarber darauf verteilen, mit der Quarkmasse überziehen.

5 Mehl, Zucker, Mandeln und Sahne vermischen. Die Butter in Stücken zugeben, alles zu Streuseln verarbeiten und auf die Quarkmasse streuen. Den Kuchen etwa 35 Minuten backen.

Käsekuchen mit Pflaumen

Für 1 kleines Backblech

Für den Teig

150 g Mehl
15 g Hefe
30 g Zucker
3 EL Milch
1 Prise Salz
50 g weiche Butter
1 Ei

Für den Belag

150 g abgetropfter Quark
2 EL Schmant
1 Eigelb
1 EL Mehl
70 g Zucker
1 Päckchen Vanillezucker
3 EL Sahne
600 g Pflaumen

Für die Decke

50 g Marzipan-Rohmasse
1 Eigelb
1 EL Zucker
100 g Doppelrahm-Frischkäse
2 EL Schmant
30 g gehackte Mandeln

1 Das Mehl in eine Schüssel sieben, in die Mitte eine Vertiefung drücken. Die Hefe zerbröckeln, mit 1 Teelöffel Zucker in lauwarmer Milch verrühren. Die Hefemilch in die Vertiefung gießen und mit etwas Mehl vom Rand mischen. Den Vorteig zugedeckt an einem warmen Ort 20 Minuten gehen lassen.

2 Auf dem Mehlrand den restlichen Zucker, Salz, Butter in Stückchen und das Ei verteilen. Von der Mitte her die Zutaten zu einem glatten Teig verkneten. Nochmals 30 Minuten gehen lassen.

3 Quark, Schmant und Eigelb verrühren. Mehl, Zucker, Vanillezucker und Sahne unterrühren. Die Pflaumen halbieren.

4 Den Backofen auf 200 °C (Gas Stufe 3, Umluft 180 °C) vorheizen. Das Backblech einfetten. Den Teig auf bemehlter Fläche ausrollen, auf das Blech legen, einen Rand hochziehen. Den Teigboden mit einer Gabel mehrmals einstechen. Die Quarkmasse daraufstreichen. Die Pflaumen darauf dachziegelartig anordnen.

5 Marzipan zerkleinern, mit Eigelb, Zucker, Frischkäse, Schmant und Mandeln verrühren. Die Pflaumen damit überziehen. Den Kuchen im vorgeheizten Backofen etwa 35 Minuten backen.

Heidelbeer-Käsekuchen

Für 1 kleines Backblech

Für den Teig

150 g Mehl
½ TL Backpulver
70 g Zucker
1 Päckchen Vanillezucker
1 Ei
70 g kalte Butter

Für den Belag

250 g abgetropfter Quark
3 EL Sahne
1 Ei
1 EL Vanille-Puddingpulver
100 g Zucker
½ TL abgeriebene Zitronenschale
1 EL Zitronensaft
600 g Heidelbeeren
1 Eigelb
180 g Schmant

Außerdem

30 g Mandelblättchen

1 Mehl und Backpulver mischen und in eine Schüssel sieben. In die Mitte eine Vertiefung drücken. Zucker, Vanillezucker und Ei hineingeben. Die Butter in Stücken obenauf legen. Etwas Mehl vom Rand aufstreuen. Die Zutaten von der Mitte her zu einem glatten Teig verkneten. 30 Minuten kalt stellen.

2 Den Backofen auf 200 °C (Gas Stufe 3, Umluft 180 °C) vorheizen. Das Backblech einfetten. Den Teig auf bemehlter Fläche ausrollen, auf das Blech legen, einen Rand hochziehen, den Teigboden mit einer Gabel mehrmals einstechen.

3 Den Quark durch ein Sieb streichen. Sahne, Puddingpulver, 80 Gramm Zucker, Zitronenschale und -saft unterrühren. Die Quarkmasse auf den Teig streichen und mit den Heidelbeeren belegen.

4 Eigelb und Schmant mit dem restlichen Zucker verrühren, die Beeren damit überziehen. Den Kuchen im vorgeheizten Backofen etwa 35 Minuten backen.

5 Die Mandelblättchen in einer beschichteten Pfanne ohne Fett goldbraun rösten. Den fertigen Kuchen aus dem Ofen nehmen und noch warm mit den Mandelblättchen bestreuen.

Stachelbeerkuchen

Für 1 kleines Backblech

Für den Teig

75 g abgetropfter Quark
2 EL Milch
2 EL Öl
1 Ei
2 EL Zucker
1 Prise Salz
125 g Mehl
2 TL Backpulver
1 EL gemahlene Mandeln

Für den Belag

100 g abgetropfter Quark
75 g Schmant
1 Ei
2 TL Speisestärke
1 Päckchen Vanillezucker
2 EL gemahlene Mandel
500 g Stachelbeeren

Für die Streusel

100 g Mehl
100 g Zucker
2 TL Amaretto
100 g kaltes Butterschmalz

1 Quark, Milch, Öl, Ei, Zucker und Salz verrühren. Mehl und Backpulver mischen, auf die Quarkmasse sieben, die Mandeln zufügen, alles gut verkneten. Das Backblech einfetten. Den Teig auf bemehlter Fläche ausrollen, auf das Backblech geben, einen Rand hochziehen. Den Backofen auf 200 °C (Gas Stufe 3, Umluft 180°C) vorheizen.

2 Quark, Schmant, Ei, Speisestärke und Vanillezucker verrühren. Die gemahlenen Mandeln auf den Teig streuen, die Quarkmasse aufstreichen. Stachelbeeren waschen, putzen, abtropfen lassen.

3 Für die Streusel das Mehl in eine Schüssel sieben, mit Zucker und Amaretto vermischen. Butterschmalz in Stücken zugeben, alles zu Streuseln verarbeiten. Die Stachelbeeren auf der Quarkmasse verteilen, die Streusel aufstreuen. Im vorgeheizten Backofen etwa 35 Minuten backen.

Mandarinenkuchen

Für 1 kleines Backblech

Für den Teig

100 g weiches Butterschmalz
100 g Zucker
½ TL abgeriebene Zitronenschale
2 Eier
1 Prise Salz
1 EL Sahne
1 TL Rum
50 g gemahlene Mandeln
20 g fein geschnittenes Zitronat
125 g Mehl
1 TL Backpulver

Für den Belag

2 EL bittere Orangenmarmelade
200 g abgetropfter Quark
100 g Schmant
4 EL Sahne
30 g zerlassene, abgekühlte Butter
1 Eigelb
70 g Zucker
30 g gehackte Mandeln
1 EL Vanille-Puddingpulver
200 g abgetropfte Mandarinen (Dose oder Glas)

Für die Streusel

100 g Mehl
100 g Zucker
1 EL Kakao
1 TL Rum
1 TL gemahlene Mandeln
100 g kaltes Butterschmalz

Ausserdem

Puderzucker zum Bestäuben

1 Butterschmalz, Zucker und Zitronenschale vermengen und schaumig schlagen. Eier, Salz, Sahne, Rum, Mandeln und Zitronat unterrühren. Mehl und Backpulver vermischen, sieben und allmählich in die Butterschmalzmasse einarbeiten.

2 Das Backblech einfetten. Den Teig auf bemehlter Fläche ausrollen, auf das Blech legen, einen Rand hochziehen. Mit Orangenmarmelade bestreichen.

3 Quark, Schmant, Sahne, Butter, Eigelb, Zucker, Mandeln und Puddingpulver verrühren, Auf die Orangenmarmelade geben, glatt streichen. Die Mandarinenspalten darauf verteilen und etwas eindrücken. Den Backofen auf 200 °C (Gas Stufe 3, Umluft 180 °C) vorheizen.

4 Für die Streusel das Mehl in eine Schüssel sieben, mit Zucker, Kakao, Rum und Mandeln vermischen. Das Butterschmalz in Stückchen zufügen. Mit den Händen Streusel formen und auf die Quarkmasse streuen. Den Kuchen im vorgeheizten Backofen etwa 35 Minuten backen. Herausnehmen und mit Puderzucker bestäuben.

Zitronenkuchen

Für 1 kleines Backblech

Für den Teig

100 g abgetropfter Quark
4 EL Milch
4 EL Öl
1 Eigelb
50 g Zucker
1 Prise Salz
200 g Mehl
2 TL Backpulver
3 EL Sahne

Für die Streusel

100 g Mehl
50 g gemahlene Mandeln
100 g Zucker
1 Prise Zimt
125 g kaltes Butterschmalz

Für die Füllung

100 g Butter
125 g Zucker
125 ml Zitronensaft
1 EL Orangensaft
30 g Speisestärke
2 EL Sahne
4 Eigelb
200 g Crème fraîche

Ausserdem

50 g Zartbitter-Kuvertüre

1 Den Quark mit Milch, Öl, Eigelb, Zucker und Salz verrühren. Mehl und Backpulver mischen, sieben, zur Quarkmasse geben und unterkneten. Den Backofen auf 200 °C (Gas Stufe 3, Umluft 180 °C) vorheizen. Das Backblech einfetten.

2 Den Teig auf bemehlter Fläche ausrollen, auf das Backblech legen, mit der Sahne bestreichen.

3 Für die Streusel das Mehl sieben, mit Mandeln, Zucker und Zimt vermischen. Butterschmalz in Stückchen zufügen, mit den Händen Streusel formen und auf den Teig streuen. Im vorgeheizten Backofen etwa 20 Minuten backen. Herausnehmen, auskühlen lassen, dann den Kuchen waagerecht durchschneiden.

4 Für die Füllung Butter, Zucker, Zitronen- und Orangensaft in einen Topf geben und aufkochen lassen. Die Speisestärke mit der Sahne verrühren, in die Zitronenbutter rühren. Kurz aufkochen, etwas auskühlen lassen, dabei umrühren, Eigelb einrühren. Alles durch ein Sieb streichen. Auskühlen lassen, dabei mehrmals umrühren. Crème fraîche einrühren. Kalt stellen. Die Füllung gleichmäßig auf den Teigboden streichen und mit der oberen Teigplatte bedecken.

5 Die Kuvertüre schmelzen und den Kuchen verzieren.

Knuspriger Brombeerkuchen

Für 1 kleines Backblech

Für den Teig

200 g TK Blätterteig

Für den Belag

2 Eier
200 g abgetropfter Quark
125 g Doppelrahm-Frischkäse
2 TL Speisestärke
3 EL Sahne
100 g Zucker
1 TL abgeriebene Zitronenschale
500 g Brombeeren

Ausserdem

80 g Butter
125 g gemahlene Mandeln
2 EL Honig

1 Den Blätterteig auftauen und auf bemehlter Arbeitsfläche ausrollen. Das Backblech mit Wasser abspülen, die Teigplatte auflegen. Mit einer Gabel mehrmals einstechen.

2 Die Eier trennen. Eigelb mit Quark und Frischkäse verrühren. Die Speisestärke mit Sahne verrühren und zur Quarkmasse geben. Zucker und Zitronenschale untermengen. Das Eiweiß steif schlagen und unterziehen.

3 Die Masse auf den Teigboden streichen. Die Brombeeren darauf verteilen, etwas in die Quarkmasse eindrücken. Den Backofen auf 200 °C (Gas Stufe 3, Umluft 180 °C) vorheizen.

4 Die Butter erhitzen, Mandeln und Honig einrühren, etwas auskühlen lassen, auf der Quarkmasse verteilen. Im vorgeheizten Backofen etwa 35 Minuten backen.

Brombeer-Schmant-Kuchen

Für 1 kleines Backblech

Für den Teig

100 g abgetropfter Quark
4 EL Milch
1 Ei
4 EL Öl
100 g Zucker
½ TL abgeriebene Zitronenschale
1 Prise Salz
225 g Mehl
½ Päckchen Backpulver

Für den Belag

250 g Schmant
1 Päckchen Vanillezucker
1 EL Zucker
1 TL abgeriebene Orangenschale
70 g gehackte Mandeln
500 g frische Brombeeren

Für die Streusel

150 g Mehl
30 g gemahlene Mandeln
150 g Zucker
150 g kalte Butter

Ausserdem

100 g Johannisbeergelee
2 TL Obstgeist

1 Den Quark durch ein Sieb in eine Schüssel streichen. Milch, Ei, Öl, Zucker, Zitronenschale und Salz zufügen und unterrühren. Mehl und Backpulver vermischen, auf die Quarkmasse sieben und untermengen.

2 Das Backblech einfetten. Den Teig auf bemehlter Fläche ausrollen, auf das Backblech geben, den Rand hochziehen. Schmant, Vanillezucker und Orangenschale verrühren, den Teig damit bestreichen. Mandeln aufstreuen. Brombeeren waschen, abtropfen lassen, auf der Schmantmasse verteilen. Den Backofen auf 200 °C (Gas Stufe 3, Umluft 180 °C) vorheizen.

3 Für die Streusel das Mehl in eine Schüssel sieben, mit Mandeln und Zucker vermischen. Butter in Stückchen zugeben, Streusel formen und auf den Brombeeren verteilen. Im vorgeheizten Backofen etwa 30 Minuten backen. Den Kuchen herausnehmen.

4 Johannisbeergelee mit dem Obstgeist erwärmen, den Kuchen damit überziehen.

Schoko-Aprikosen-Kuchen

Für 1 kleines Backblech

Für den Teig

175 g Mehl
15 g Hefe
70 g Zucker
5 EL Milch
1 Ei
30 g gemahlene Mandeln
70 g weiche Butter
1 Prise Salz
2 EL gehackte Mandeln

Für den Belag

300 g abgetropfter Quark
100 ml Schlagsahne
1 Eigelb
50 g Zucker
2 TL Speisestärke
8 Aprikosen

Für die Streusel

180 g Mehl
1 EL Kakao
20 g gemahlene Mandeln
1 EL Eierlikör
180 g Zucker
180 g kalte Butter

Außerdem

Puderzucker zum Bestäuben

1 Das Mehl in eine Schüssel sieben, in die Mitte eine Vertiefung drücken. Die Hefe mit 1 Teelöffel Zucker in lauwarmer Milch verrühren, in die Vertiefung gießen, etwas Mehl vom Rand einrühren und einen dickflüssigen Vorteig anrühren. Zugedeckt 20 Minuten gehen lassen.

2 Den restlichen Zucker, Ei, Mandeln, Butter in Flöckchen und Salz auf dem Mehlrand verteilen. Von der Mitte her die Zutaten zu einem glatten Teig verkneten. Zugedeckt 30 Minuten gehen lassen.

3 Den Quark durch ein Sieb in eine Schüssel streichen. Sahne, Eigelb, Zucker und Speisestärke unterrühren. Den Teig durchkneten und auf einer bemehlten Fläche ausrollen.

4 Das Backblech einfetten. Den Teig hineingeben und einen Rand hochziehen, mit einer Gabel mehrmals einstechen. Die gehackten Mandeln aufstreuen. Die Quarkmasse daraufgeben und glatt streichen. Die Aprikosen halbieren, auf der Quarkmasse anordnen und etwas eindrücken. Den Backofen auf 200 °C (Gas Stufe 3, Umluft 180 °C) vorheizen.

5 Das Mehl in eine Schüssel sieben und mit Kakao, Mandeln, Eierlikör und Zucker vermengen. Die Butter in Stückchen zugeben und Streusel formen. Die Streusel auf die Aprikosen streuen. Den Kuchen etwa 35 Minuten backen.

Gedeckter Johannisbeer-Käsekuchen

Für 1 kleines Backblech

Für den Teig

170 g Mehl
15 g Hefe
30 g Zucker
5 EL Milch
30 g weiche Butter
1 EL gehackte Mandeln
1 Eigelb
1 Päckchen Vanillezucker
1 Prise Salz

Für den Belag

500 g Johannisbeeren
2 Eier
200 g abgetropfter Quark
150 g Doppelrahm-Frischkäse
1 EL Obstgeist
80 g Zucker
1 TL abgeriebene Zitronenschale
1 EL Vanille-Puddingpulver
1 Prise Salz

Für die Decke

4 Eier
½ Päckchen Vanille-Puddingpulver
100 g Zucker
¼ l Milch

1 Das Mehl in eine Schüssel sieben. In die Mitte eine Vertiefung drücken. Die Hefe mit dem Zucker in lauwarmer Milch verrühren, in die Vertiefung gießen, mit etwas Mehl vom Rand vermischen. Den Vorteig zugedeckt an einem warmen Ort 20 Minuten gehen lassen. Auf dem Mehlrand die Butter, die Mandeln, Eigelb, Vanillezucker und Salz anordnen. Von der Mitte her die Zutaten zu einem glatten Teig verkneten. Nochmals 30 Minuten gehen lassen.

2 Das Backblech einfetten. Den Teig auf bemehlter Fläche ausrollen, auf das Backblech legen, einen Rand hochziehen, den Teigboden mit einer Gabel mehrmals einstechen.

3 Die Johannisbeeren von den Rispen streifen. Die Eier trennen. Den Quark durch ein Sieb streichen, Frischkäse, Obstgeist, Zucker und Zitronenschale unterrühren. Eigelb und Puddingpulver einrühren. Das Eiweiß mit dem Salz steif schlagen und unterheben. Die Quarkmasse auf dem Teig verteilen. Die Johannisbeeren daraufgeben. Den Backofen auf 200 °C (Gas Stufe 3, Umluft 180 °C) vorheizen.

4 Für die Decke die Eier trennen. Puddingpulver, Zucker und Milch unter Rühren zum Kochen bringen, vom Herd nehmen, etwas auskühlen lassen, das Eigelb zufügen. Eiweiß steif schlagen und unterheben. Die Masse auf den Johannisbeeren verteilen. Den Kuchen etwa 35 Minuten backen. Wenn die Kuchendecke zu dunkel wird, mit Alufolie abdecken.

Johannisbeer-Marzipankuchen

Für 1 kleines Backblech

Für den Teig

70 g Marzipan-Rohmasse
50 g Zucker
200 g Mehl
15 g Hefe
5 EL Milch
1 EL gemahlene Mandeln
1 Ei
1 Prise Salz
50 g weiche Butter

Für den Belag

500 g rote Johannisbeeren
150 g abgetropfter Quark
70 g Zucker
2 TL Speisestärke
1 Ei
1 Eigelb
1 Prise Salz
½ TL abgeriebene Zitronenschale
100 g Crème fraîche
2 EL Zwiebackbrösel

Für die Streusel

180 g Mehl
125 g Marzipan-Rohmasse
80 g Zucker
180 g kalte Butter

1 Marzipan und 40 Gramm Zucker mischen und beiseite stellen. Mehl in eine Schüssel sieben, in die Mitte eine Vertiefung drücken. Hefe und restlichen Zucker in lauwarmer Milch verrühren, in die Vertiefung geben. Etwas Mehl vom Rand einrühren und einen dickflüssigen Vorteig anrühren. Zugedeckt an einem warmen Ort 20 Minuten gehen lassen.

2 Auf dem Mehlrand die Marzipanmischung, Mandeln, Ei, Salz und Butter anordnen. Von der Mitte her zu einem glatten Teig verkneten. Zugedeckt 30 Minuten gehen lassen. Die Johannisbeeren waschen und gut abtropfen lassen.

3 Quark durch ein Sieb streichen und mit Zucker und Speisestärke verrühren. Ei, Eigelb, Salz, Zitronenschale und Crème fraîche zugeben und einrühren. Das Backblech einfetten. Den Backofen auf 200 °C vorheizen. Den Teig durchkneten, auf bemehlter Fläche ausrollen und auf das Backblech legen. Einen Rand hochziehen, den Teigboden mit einer Gabel mehrmals einstechen.

4 Zwiebackbrösel auf den Teig streuen, die Quarkmasse aufstreichen. Die Johannisbeeren auf den Quark streuen und leicht eindrücken. Das Mehl sieben, mit Marzipan und Zucker vermengen. Die Butter in Stückchen zugeben, mit den Händen Streusel formen. Die Streusel auf den Johannisbeeren verteilen. Den Kuchen etwa 35 Minuten backen.

Apfelkuchen mit Vanillestreuseln

Für 1 kleines Backblech

Für den Teig

170 g Mehl
15 g Hefe
50 g Zucker
5 EL Milch
1 Prise Salz
1 Eigelb
50 g Butterschmalz

Für den Belag

300 g abgetropfter Quark
1 Ei
2 TL Speisestärke
70 g Zucker
½ TL abgeriebene Zitronenschale
50 g gehackte Mandeln
50 g Rosinen
4 EL Milch
4 Äpfel
2 EL Zitronensaft

Ausserdem

100 g bittere Orangenmarmelade

1 Das Mehl in eine Schüssel sieben, in die Mitte eine Vertiefung drücken. Hefe und Zucker in lauwarmer Milch verrühren, in die Vertiefung gießen. Etwas Mehl vom Rand zugeben, einen dickflüssigen Vorteig anrühren. Zugedeckt an einem warmen Ort 20 Minuten gehen lassen.

2 Salz, Eigelb und Butterschmalz auf dem Mehlrand anordnen. Von der Mitte her die Zutaten zu einem glatten Teig verkneten. Zugedeckt 30 Minuten gehen lassen.

3 Für den Belag den Quark in eine Schüssel geben und mit Ei, Speisestärke, Zucker, Zitronenschale, Mandeln, Rosinen und Milch verrühren. Die Äpfel schälen und in Spalten schneiden, diese mit Zitronensaft beträufeln.

4 Das Backblech einfetten. Den Teig durchkneten, auf bemehlter Fläche ausrollen, auf das Backblech legen, einen Rand hochziehen. Den Teig mit einer Gabel mehrmals einstechen. Die Quarkmasse auf den Teig streichen, die Apfelspalten gleichmäßig darauf anordnen, etwas andrücken. Den Backofen auf 200 °C (Gas Stufe 3, Umluft 180 °C) vorheizen.

5 Für die Streusel das Mehl in eine Schüssel sieben, mit Mandeln, Zucker und Vanillezucker vermischen. Die Butter in Stückchen zugeben. Mit den Händen oder mit Hilfe von 2 Gabeln Streusel formen und auf der Quarkmasse verteilen. Den Kuchen im vorgeheizten Backofen etwa 35 Minuten backen. Die Orangenmarmelade leicht erwärmen, den noch heißen Kuchen damit bestreichen.

Fränkischer Apfelkäsekuchen

Für 1 kleines Backblech

Für den Teig

200 g Mehl
15 g Hefe
70 g Zucker
5 EL Milch
50 g weiche Butter
1 Prise Salz
1 Ei

Für den Belag

300 g abgetropfter Quark
1 Ei
2 EL Sahne
80 g Zucker
½ TL abgeriebene Zitronenschale
3 Äpfel
1 EL Zitronensaft

Außerdem

2 EL Zucker
½ TL Zimt

1 Das Mehl in eine Schüssel sieben, in die Mitte eine Vertiefung drücken. Die Hefe mit 1 Teelöffel Zucker in lauwarmer Milch verrühren, in die Vertiefung gießen und mit etwas Mehl vom Rand mischen. Den Vorteig zugedeckt an einem warmen Ort 20 Minuten gehen lassen.

2 Auf dem Mehlrand den restlichen Zucker, die Butter, Salz und das Ei anordnen. Von der Mitte her die Zutaten zu einem glatten Teig verkneten. Den Teig nochmals 30 Minuten gehen lassen.

3 Für den Belag den Quark durch ein Sieb streichen, Ei, Sahne, Zucker und Zitronenschale zugeben und alles verrühren. Die Äpfel schälen, in Viertel, danach in Spalten schneiden, dabei das Kernhaus entfernen. Die Stücke mit Zitronensaft beträufeln.

4 Den Backofen auf 200 °C (Gas Stufe 3, Umluft 180 °C) vorheizen. Das Backblech einfetten. Den Teig auf bemehlter Fläche ausrollen, auf das Blech legen, einen Rand hochziehen und den Teigboden mit einer Gabel mehrmals einstechen.

5 Die Quarkmasse auf die Teigplatte streichen, die Apfelspalten darauf anordnen. Den Kuchen im vorgeheizten Backofen etwa 35 Minuten backen. Zucker und Zimt mischen und den fertigen noch warmen Kuchen damit bestreuen.

Himbeer-Frischkäse-Kuchen

Für 1 kleines Backblech

Für den Teig

150 g Marzipan-Rohmasse
80 g Zucker
1 Päckchen Vanillezucker
1 Prise Salz
150 g weiche Butter
3 Eier
2 EL Milch
250 g Mehl
2 TL Backpulver

Für die Streusel

175 g Mehl
125 g Marzipan-Rohmasse
50 g Zucker
1 Prise Zimt
150 g kalte Butter

Für die Füllung

3 Blatt weiße Gelatine
125 g abgetropfter Quark
1 TL abgeriebene Zitronenschale
3 EL Orangensaft, 2 EL Zitronensaft
300 g Doppelrahm-Frischkäse
100 g Puderzucker
3 EL Himbeergeist
200 ml Schlagsahne
400 g Himbeeren

1 Marzipan, Zucker, Vanillezucker und Salz mischen. Butter zufügen, alles schaumig rühren. Eier und Milch einrühren. Mehl und Backpulver vermischen, sieben, nach und nach untermengen.

2 Den Backofen auf 200 °C (Gas Stufe 3, Umluft 180 °C) vorheizen. Das Backblech einfetten, den Teig einfüllen und glatt streichen.

3 Für die Streusel das Mehl in eine Schüssel sieben, zerkleinertes Marzipan, Zucker und Zimt zufügen. Die Butter in Stückchen zugeben, mit den Händen oder zwei Gabeln Streusel formen und auf dem Teig anordnen. Im vorgeheizten Backofen etwa 25 Minuten backen. Herausnehmen, auskühlen lassen, den Kuchen waagerecht durchschneiden.

4 Für die Füllung die Gelatine in kaltem Wasser einweichen. Den Quark durch ein Sieb in eine Schüssel streichen und mit Orangenschale, Orangen- und Zitronensaft, Frischkäse und Puderzucker verrühren.

5 Den Himbeergeist leicht erwärmen, die ausgedrückte Gelatine zugeben und im Himbeergeist auflösen. Danach unter die Quarkmasse rühren. Die Sahne steif schlagen und unterheben. 2 Stunden kalt stellen. Danach die Quarkcreme auf den unteren Kuchenboden streichen. Die Himbeeren auf der Creme verteilen, leicht in die Creme drücken. Die Kuchenplatte mit den Streuseln auflegen.

Festliche Käsekuchen

Käsekuchen mit Mandelbaiser

Für 1 kleines Backblech

Für den Teig

200 g Mehl
1 TL Backpulver
80 g Zucker
2 Eigelb
1 Prise Salz
1 EL Milch
100 g kalte Butter

Für die Creme

350 g Quark
50 g Zucker
2 Eigelb
80 g weiche Butter
15 g Speisestärke
½ TL abgeriebene Zitronenschale
1 Prise Salz
500 g Johannisbeeren

Für das Baiser

3 Eiweiß
150 g Puderzucker
80 g Mandelblättchen

1 Mehl und Backpulver vermischen und in eine Schüssel sieben. In die Mitte eine Vertiefung drücken. Zucker, Eigelb, Salz und Milch hineingeben und mit einem Teil des Mehls vermischen. Die Butter in Stückchen darauf anordnen und alle Zutaten zu einem glatten Teig verkneten. 30 Minuten kalt stellen.

2 Das Backblech einfetten. Den Teig auf bemehlter Fläche ausrollen, auf das Backblech geben, einen Rand hochziehen, den Teigboden mit einer Gabel mehrmals einstechen. Den Backofen auf 200 °C (Gas Stufe 3, Umluft 180 °C) vorheizen.

3 Für die Creme den Quark durch ein Sieb in eine Schüssel streichen. Zucker, Eigelb, Butter, Speisestärke, Zitronenschale und Salz zugeben und unterrühren. Die Masse auf den Teig streichen.

4 Die Johannisbeeren waschen, von den Rispen streifen und auf die Creme geben. Im vorgeheizten Backofen etwa 25 Minuten backen.

5 Für das Mandelbaiser Eiweiß mit Puderzucker steif schlagen. Die Mandelblättchen in einer Pfanne ohne Fett goldbraun rösten und unter den Eischnee heben. Den vorgebackenen Kuchen mit der Baisermasse bestreichen. Noch einmal in den Ofen schieben und weitere 8 Minuten backen.

Eierlikörkuchen

Für 1 kleines Backblech

Für den Teig

150 g Mehl
1 TL Backpulver
70 g Zucker
2 Eigelb
1 EL Milch
60 g kalte Butter

Für die Quarkcreme

1 Päckchen Vanille-Puddingpulver
100 g Zucker
½ l Milch
30 g Rosinen
350 g Quark
30 g gehackte Mandeln
2 Eiweiß

Für die Eierlikör-creme

2 Eier
80 g weiche Butter
80 g Zucker
1 Päckchen Vanillezucker
125 ml Eierlikör
1 Prise Salz
20 g Speisestärke

1 Mehl und Backpulver vermischen, sieben, in die Mitte eine Vertiefung drücken. Zucker, Eigelb und Milch hineingeben, etwas Mehl vom Rand einrühren. Die Butter in Stückchen daraufgeben, mit Mehl bedecken. Die Zutaten von der Mitte her zu einem glatten Teig verkneten. 30 Minuten kalt stellen.

2 Den Backofen auf 180 °C (Gas Stufe 2–3, Umluft 160 °C) vorheizen. Das Backblech einfetten. Den Teig auf bemehlter Fläche ausrollen, auf das Backblech geben, einen Rand hochziehen. Den Boden mit einer Gabel mehrmals einstechen. Im vorgeheizten Backofen 10 Minuten vorbacken.

3 Für die Quarkcreme das Puddingpulver mit Zucker und etwas Milch verquirlen. Die restliche Milch zum Kochen bringen, das angerührte Puddingpulver einrühren, aufkochen lassen. Vom Herd nehmen. Etwas auskühlen lassen.

4 Die Rosinen waschen und trockentupfen. Den Quark durch ein Sieb streichen, unter die Puddingmasse rühren. Rosinen und Mandeln zufügen. Das Eiweiß steif schlagen und unter die Creme heben. Die Masse auf den vorgebackenen Boden streichen.

5 Die Eier trennen. Butter mit Zucker und Vanillezucker cremig rühren. Zuerst Eigelb, dann Eierlikör zufügen und unterrühren. Das Eiweiß mit dem Salz steif schlagen und mit der Speisestärke unter die Eierlikörcreme heben. Die Creme auf der Quarkmasse verteilen und den Kuchen weitere 25 Minuten backen.

Käsekuchen mit Nussdecke

Für 1 kleines Backblech

Für den Teig

150 g Mehl
30 g Kakao
1 TL Backpulver
70 g Zucker
2 Eigelb
2 EL Milch
100 g kalte Butter

Für die Quarkcreme

350 g abgetropfter Quark
50 g Schmant
2 Eigelb
100 g Zucker
30 g weiche Butter
150 g Pflaumenmus
1 EL Zwetschgenwasser

Für die Nussdecke

180 g Butter
100 g Zucker
1 EL Honig
200 g gehackte Haselnüsse
1 EL Milch

1 Mehl, Kakao und Backpulver vermischen und in eine Schüssel sieben. In die Mitte eine Vertiefung drücken. Zucker, Eigelb und Milch hineingeben und mit etwas Mehl vom Rand zu einem weichen Brei verrühren. Die Butter in Stücken darauf verteilen und die Zutaten von der Mitte her zu einem glatten Teig verkneten. 30 Minuten kalt stellen.

2 Das Backblech einfetten. Den Teig auf bemehlter Fläche ausrollen, auf das Blech geben und einen Rand hochziehen. Den Teig mit einer Gabel mehrmals einstechen.

3 Für die Creme den Quark durch ein Sieb streichen, mit Schmant, Eigelb, Zucker und Butter verrühren. Pflaumenmus und Zwetschgenwasser verrühren, auf den Teig streichen. Mit der Quarkmasse bedecken. Den Backofen auf 200 °C (Gas Stufe 3, Umluft 180 °C) vorheizen.

4 Für die Nussdecke in einem Topf Butter, Zucker und Honig erhitzen und kurz aufwallen lassen. Vom Herd nehmen, die Nüsse einrühren, zuletzt die Milch zufügen. Die Masse auskühlen lassen, dann auf die Creme geben. Den Kuchen im vorgeheizten Backofen etwa 35 Minuten backen.

Aprikosen-Pudding-kuchen

Für 1 kleines Backblech

Für den Teig

170 g Mehl
10 g Hefe
30 g Zucker
5 EL Milch
1 EL Öl
1 Eigelb
1 Prise Salz

Für den Belag

350 g Quark
150 ml Milch
2 EL Öl
2 EL Vanille-Puddingpulver
2 Eigelb
100 g Zucker
1 Päckchen Vanillezucker
1 EL Zitronensaft
6 Aprikosen
50 g gehackte Mandeln

Außerdem

125 g Johannisbeergelee

1 Das Mehl in eine Schüssel sieben, in die Mitte eine Vertiefung drücken. Die Hefe mit dem Zucker in lauwarmer Milch verrühren, in die Vertiefung gießen und mit etwas Mehl vom Rand mischen. Den Vorteig zugedeckt an einem warmen Ort 20 Minuten gehen lassen.

2 Auf den Mehlrand Öl, Eigelb und Salz geben. Von der Mitte her die Zutaten zu einem glatten Teig verkneten. Nochmals 30 Minuten gehen lassen.

3 Für den Belag den Quark durch ein Sieb streichen. Milch, Öl, Puddingpulver, Eigelb, Zucker, Vanillezucker und Zitronensaft einrühren. Die Aprikosen waschen, halbieren und entsteinen.

4 Den Backofen auf 200 °C (Gas Stufe 3, Umluft 180 °C) vorheizen. Das Backblech einfetten. Den Teig auf bemehlter Fläche ausrollen, auf das Blech geben, einen Rand hochziehen. Den Teigboden mit einer Gabel mehrmals einstechen.

5 Die Quarkmasse aufstreichen, die Aprikosen mit der Rundung nach oben darauf verteilen. Die Früchte in die Quarkmasse drücken, die Mandeln aufstreuen. Den Kuchen im vorgeheizten Backofen etwa 35 Minuten backen. Herausnehmen, auskühlen lassen. Das Gelee leicht erwärmen und den Kuchen damit überziehen.

Marzipan-Mascarpone-Kuchen

Für 1 kleines Backblech

Für den Teig

225 g Mehl
15 g Hefe
80 g Zucker
125 ml Milch
1 Ei
60 g gemahlene Haselnüsse
1 Päckchen Vanillezucker
1 Prise Salz
50 g Butterschmalz

Für die Streusel

180 g Mehl
100 g Marzipan-Rohmasse
40 g Zucker
1 EL Weinbrand
150 g kalte Butter
100 g Aprikosenkonfitüre

Für die Füllung

300 g Mascarpone
2 EL Joghurt
50 g Puderzucker
4 EL Eierlikör
je 50 g gemahlene und gehackte Haselnüsse, geröstet
200 ml Schlagsahne
1 Prise Salz
1 Päckchen Sahnesteif

1 Das Mehl in eine Schüssel sieben, in die Mitte eine Vertiefung drücken. Die Hefe mit 2 Teelöffel Zucker in lauwarmer Milch verrühren, in die Vertiefung gießen. Etwas Mehl vom Rand einrühren und einen dickflüssigen Vorteig bereiten. Zugedeckt an einem warmen Ort 20 Minuten gehen lassen.

2 Auf dem Mehlrand den restlichen Zucker, Ei, Nüsse, Vanillezucker, Salz und Butter verteilen. Von der Mitte her die Zutaten zu einem glatten Teig verkneten, Zugedeckt 30 Minuten gehen lassen.

3 Das Backblech einfetten. Den Teig durchkneten, auf bemehlter Fläche ausrollen, auf das Backblech legen, einen Rand hochziehen. Den Teig mit einer Gabel mehrmals einstechen.

4 Für die Streusel das Mehl in eine Schüssel sieben, das zerkleinerte Marzipan, Zucker und Weinbrand zufügen. Die Butter in Stückchen zugeben, mit den Händen Streusel formen, auf den Teig streuen. Im vorgeheizten Backofen bei 200 °C (Gas Stufe 3, Umluft 180 °C) etwa 20 Minuten backen. Herausnehmen, auskühlen lassen, den Kuchen waagerecht durchschneiden.

5 Mascarpone, Joghurt, Puderzucker, Eierlikör und Nüsse verrühren. Sahne mit Salz und Sahnesteif steif schlagen und unterheben. Die Füllung auf den unteren Teigboden streichen, den oberen Boden auflegen. Mit erwärmter Konfitüre überziehen.

Vielerlei Teige

vertreiben das Einerlei

Mürbteig

Er wünscht kalte Zutaten. Viel Butter, wenig Eier, denn sie machen den Teig hart. Zunächst Mehl und Backpulver mischen und in eine Schüssel sieben. In die Mitte eine Vertiefung drücken. Dann Zucker, Vanillezucker, Salz, Ei und gegebenenfalls Milch in die Vertiefung geben. Mit etwas Mehl bestäuben und einen breiartigen Vorteig bereiten. Die Butter in Stückchen daraufgeben und von der Mitte her alle Zutaten rasch zu einem glatten Teig verkneten. Der Teig sollte kräftig, aber rasch geknetet werden. Nach dem Kneten will sich der Teig im Kühlschrank ausruhen, etwa 30 Minuten. Der Teig kann mit Haselnüssen oder Mandeln verfeinert werden.

Mehl und Butter zu Bröseln zerreiben.

Rührteig

Die Reihenfolge der Teigzubereitung beim Rührteig ist immer die gleiche und leicht zu merken. Zuerst die Butter schaumig schlagen, dann den Zucker unterrühren, bis er sich aufgelöst hat. Danach einzeln die Eier unterrühren und zuletzt das mit Backpulver vermischte, gesiebte Mehl. Sobald das Mehl nicht mehr sichtbar ist, nicht mehr rühren, denn zu langes Rühren aktiviert das Klebereiweiß im Mehl und der Teig wird zäh. Perfekt ist der Teig, wenn er schwer reißend vom Löffel fällt.

Den Teig kneten, bis er glatt und trocken ist. Falls der Teig zu fest wird, etwas Milch zugeben. Sollte der Teig zu weich sein, etwas Mehl hinzufügen.

Den Hefeteig nach dem Gehen noch einmal durchkneten und erneut ruhen lassen.

Hefeteig

Die Herstellung dieses leichten und lockeren Teiges ist einfach, wenn man beachtet, dass frische Hefe keine Zugluft mag und unmittelbare Berührung mit Salz verübelt, denn das Salz entzieht den Hefezellen die Feuchtigkeit. Hefe mag auch keine unmittelbare Berührung mit Fett. Es verhindert, dass Hefezellen sich vermehren. Außerdem verträgt Hefe keine zu heiße Flüssigkeit, denn sie würde die Hefebakterien abtöten. Kalte Flüssigkeit würde die Entwicklung der Triebkraft verringern. Die Folge wäre, dass der Teig nur sehr langsam aufgeht. Zucker unterstützt die Triebkraft der Hefe. Alle Zutaten sollten die gleiche, am einfachsten Zimmertemperatur haben. Vorteig und Teig brauchen genügend Zeit und Ruhe zum Aufgehen – zugedeckt an einem warmen Ort von 20 bis 30 °C. Besonders wichtig ist, dass Hefeteig gut durchgeknetet wird.

Biskuitteig

Biskuitteig soll locker und federleicht sein. Die Masse aus Eiern, Zucker und Mehl muss deshalb ausdauernd geschlagen werden. Kommt Butter an den Teig, gibt man sie flüssig, aber abgekühlt zur Schaummasse. Sehr wichtig ist, dass der Teig sofort nach Zubereitung in den Backofen geschoben wird, weil er sonst zusammenfällt.

Quark-Öl-Teig

Die Herstellung ist unkompliziert: Verrühren Sie den abgetropften Quark mit Milch, Ei, Öl, Zucker und Gewürzen. Vermischen Sie Mehl und Backpulver und sieben Sie es auf die Quarkmasse. Danach verkneten Sie alles gut. Öl sollte keinesfalls durch anderes festes Fett ersetzt werden. Dieser Teig sollte nach dem Backen rasch verzehrt werden, denn er wird schnell trocken.

Biskuitteig 1: Die Eiweiße zu Schnee schlagen, dabei nach und nach den Zucker einrieseln lassen.

Biskuitteig 2: Mehl und Stärke unter die Eimasse heben.

So verfeinern Sie
Ihren Kuchen

Die leckeren Kuchen und Torten bekommen noch ein gewisses Extra, wenn sie mit Rosenzucker, Rosengelee, Rosen- oder Ingwerlikör verfeinert werden.

Rosenzucker: 100 Gramm Rosenblütenblätter mit dem Saft von 1 Zitrone beträufeln und 3 Stunden ziehen lassen. 100 Gramm Zucker zugeben und die Rosenblätter zerreiben. In ein Glas füllen und gut verschließen.

Rosengelee: 150 Gramm frisch gepflückte, gesäuberte Rosenblütenblätter mit kochendem Wasser übergießen, danach mit kaltem Wasser abschrecken und in einem Sieb gut abtropfen lassen. ¾ Liter konzentrierten Apfelsaft mit 750 Gramm Zucker unter Rühren zum Kochen bringen, die Rosenblütenblätter dazugeben und mitkochen, bis die Rosenblütenblätter sich am Topfboden abgesetzt haben. Während das Ganze kocht, hin und wieder den Schaum abschöpfen. Wenn die Gelierprobe zeigt, dass das Gelee beim Abkühlen fest wird, kann das Rosengelee in vorbereitete Gläser gefüllt werden. Kühl und dunkel aufbewahren.

Rosenlikör: 200 Gramm frisch gepflückte, stark duftende Rosenblütenblätter in eine Porzellanschüssel legen und mit ¼ Liter kochendem Wasser übergießen. Die Blätter sollen knapp bedeckt sein. Die Schüssel abdecken und die Rosenblätter 12 Stunden ziehen lassen. Dann abseihen und das Rosenwasser in einem Topf auffangen. 150 Gramm Zucker zufügen und alles unter Rühren erhitzen, dann den Topf vom Herd nehmen. Sobald die Flüssigkeit erkaltet ist, ½ Liter Korn und 4 Zentiliter Weinbrand angießen und verrühren. Den Likör in vorbereitete Flaschen füllen und gut verschlossen 4 Wochen kühl und trocken lagern. Danach ist der Rosenlikör gebrauchsfertig.

Ingwerlikör: 70 Gramm frischen Ingwer schälen, fein schneiden, in eine Flasche füllen und ¾ Liter Weinbrand angießen. Eine Woche stehen lassen, täglich einmal durchschütteln. Den Weinbrand durch ein Sieb gießen. Den aufgefangenen Ingwer mit 200 Gramm Bienenhonig und 3 Esslöffeln Wasser verrühren. Mit dem Weinbrand mischen und abfüllen.

Alphabetisches Rezeptverzeichnis

IMPRESSUM

ISBN: 978-3-8094-2961-6

Umschlag- und Boxgestaltung: Atelier Versen, Bad Aibling
Bildredaktion: Sabine Kestler
Herstellung: Elke Cramer
Projektleitung: Anja Halveland
Fotos: Karl Newedel, München; außer Seite 74, 75, 76: Teubner
Layout: Epsilon2, Mundelsheim

Die Ratschläge in diesem Buch sind von der Autorin und vom Verlag sorgfältig erwogen und geprüft, dennoch kann eine Garantie nicht übernommen werden. Eine Haftung der Autorin bzw. des Verlags und seiner Beauftragten für Personen-, Sach- und Vermögensschäden ist ausgeschlossen.

Satz: Nadine Thiel | kreativsatz, Baldham
Druck und Verarbeitung: Anpak Printing Ltd., Hongkong

Printed in China

FSC www.fsc.org
MIX
Papier aus verantwortungsvollen Quellen
FSC® C017997

Verlagsgruppe Random House FSC-DEU-0100
Das für dieses Buch verwendete Papier ist FSC®-zertifiziert.

817 2635 4453 62